APPEL

A L'OPINION PUBLIQUE,

DU JUGEMENT DU CONSEIL DES CINQ CENTS,

Dans la Cause des Pères et Mères, Aïeuls et Aïeules d'Émigrés.

APPEL

A L'OPINION PUBLIQUE,

DU JUGEMENT DU CONSEIL DES CINQ CENTS,

Dans *la Cause des Pères et Mères, Aïeuls et Aïeules d'Émigrés.*

PAR A. MORELLET.

In societate civili aut lex aut vis valet : est autem vis quæ-dam legem simulans et lex nonnulla magis vim sapiens quam æquitatem juris.

Dans la société civile règnent la loi ou la force, mais la force prend quelquefois l'apparence de la loi, et plus d'une loi a le caractère de la force plutôt que celui de la justice.

Bacon, Serm. fid. §. LXI.

A PARIS,

DE L'IMPRIMERIE DE DU PONT.

AVERTISSEMENT.

L'Ouvrage qu'on publie ici avoit été envoyé à l'impression avant la décision du conseil des anciens qui, dans la séance du 6 pluviose a rejeté la résolution du conseil des cinq cents prononçant la levée de la suspension de la loi du 9 floréal.

Depuis la décision des anciens on a eu un moment la pensée de supprimer cet écrit, comme inutile après le jugement de la cause, mais ensuite l'intérêt de la question de droit; la maxime que ce qui abonde ne vitie pas, et enfin le jugement de quelques personnes éclairées qui ont cru que l'ouvrage, même après le sort des pères et mères d'émigrés décidé par la législature, pouvoit avoir une utilité ultérieure, ont déterminé l'Auteur à en poursuivre l'impression.

APPEL

A L'OPINION PUBLIQUE.

—————

Les pères et mères, ayeuls et ayeules d'émigrés, viennent de perdre, au conseil des cinq-cents, la cause qui, après avoir été jugée contr'eux à la convention, par une loi du 9 floréal, y avoit été de nouveau soumise à l'examen depuis que l'exécution de cette loi avoit été suspendue le 11 messidor. Ils n'ont plus d'espoir que dans la justice et la sagesse du conseil des anciens ; s'ils étoient trompés dans cette espérance, la décision des deux sections du corps législatif leur imposeroit, sans doute, l'obligation de s'y soumettre de fait ; mais il leur restera le droit sacré, inaliénable, incontestable, de penser et de dire, de toutes les manières possibles, qu'on commet envers eux une injustice ; d'en appeller à l'opinion publique, dont le tribunal ne se ferme jamais, et d'user pour cela de la liberté d'écrire, qui ne peut leur être ôtée tant qu'ils vivront sous un gouvernement digne d'un peuple libre.

C'est cette liberté dont on veut user ici, en leur nom, et pour eux, en défendant encore une fois cette cause, quoiqu'à moitié perdue, pour quelques raisons qu'on croit utile d'exposer ici.

La première est de completter la discussion de cette grande et intéressante question, en ne laissant pas, sans réponse, la pièce qui semble avoir déterminé la décision dan le conseil des cinq cents, par-là même qu'elle a été la dernière produite, et qu'elle n'a paru qu'à la veille de la résolution du conseil ; je veux dire le rapport de Pons de Verdun.

A la vérité, on a déjà combattu ce rapport dans l'écrit intitulé *dernière défense des Pères*; mais c'est seulement, d'après l'extrait qu'en avoient donné les journalistes, et en particulier *le républicain* ; le rapport de Pons n'étant encore connu que par cette voie, quoique l'impression en eût été décrétée par l'assemblée dès le 6 nivose.

Nous ne dirons pas que le rapporteur ait retardé, à dessein, cette publication, pour ne pas laisser aux défenseurs des pères le temps de lui répondre avec quelque développement: mais il est pourtant manifeste que c'est-là un effet direct et nécessaire du retardement, effet qu'il a dû prévoir, et on ne peut s'empêcher d'observer qu'en une question si importante, qui intéresse tant de familles, une décision de la législature doit être regardée comme précipitée, toutes les fois qu'entre le dernier rapport qui la détermine, et la décision elle-même, il ne s'est pas écoulé assez de temps pour que l'opinion des hommes instruits et celle des représentans eux-mêmes achèvent de s'éclairer et de se fixer ; et ce temps suffisant, que la constitution a arbitré à deux décades, n'a pas été donné au conseil des cinq cents dans la cause dont il s'agit.

Quoi qu'il en soit de la justice de ce reproche, on s'est déterminé à reprendre le rapport de Pons en entier, tel qu'il vient d'être publié, pour ne laisser debout aucun des prétextes, ni sans réponse aucun des sophismes dont on a appuyé la spoliation des familles et l'invasion des propriétés, prononcées par la loi du 9 floréal.

J'exposerai, avec quelque détail, un second motif qui me détermine à traiter encore cette question. On ne peut constater, avec trop de soin ni trop complettement, une erreur dans laquelle tombe la législature, même sans espoir de l'en faire revenir, ni d'être utile à ceux qui en souffrent. Les vérités se tiennent, et par la même raison les erreurs aussi ; lorsqu'on a bien reconnu et bien démontré le vice d'une loi, la fausseté des principes qui y ont conduit les législateurs, demeure par-là même prouvée : or, ces principes sont féconds pour le mal et leur tendance naturelle, après avoir fait une injustice présente, est d'amener une injustice ultérieure. Il est donc utile d'achever de développer la fausseté, l'immoralité des principes qui ont amené la loi du 9 floréal, même sans utilité pour les victimes qu'elle fait, afin qu'une connoissance plus complette, et un sentiment plus profond de l'injustice commise, servent à en écarter une nouvelle.

Cette idée, je ne le dissimule pas, m'est venue en observant une analogie très-marquée et une liaison très-étroite entre la doctrine établie dans le rapport de Pons de Verdun, et les principes avancés en même-temps par plusieurs membres de l'assemblée législative, défendant la loi du 9 floréal, tels que Chénier, Boudin et autres, qui tous se sont laissés aller en même-temps que Pons de Verdun lui même, à ramener et à soutenir la théorie révolutionnaire, ou, en d'autres

termes , des maximes oppressives et tyran-
niques que la constitution nouvelle sembloit
devoir proscrire pour toujours. C'est ainsi que
nous avons entendu Chénier , défendant la loi
du 9 floréal , nous dire « qu'il ne faut pas tant
» parler de la justice due aux individus , mais
» de la justice due à la patrie ; et que la pro-
» priété, comme la justice, est un mot magique,
» qu'on met sans cesse en avant pour faire il-
» lusion; » et Boudin établissant que « la confis-
» cation est une loi juste et morale, et à laquelle
» il faut donner plus d'extension , et la pres-
» cription une loi immorale et injuste, » blâ-
mant la restitution des biens aux enfans des
condamnés par les tribunaux révolutionnaires,
regrettant le régime révolutionnaire, ect.

Or, en voyant ces doctrines étranges , mises
en avant par les mêmes hommes qui défendent
la loi du 9 floréal avec tant de chaleur , on
reconnoît facilement que ces opinions sont
liées, et que les partisans de celle-ci sont naturellement portés à défendre aussi celles là ;
d'où résulte aussi pour ceux qui craignent ,
avec raison, le retour aux excès révolutionnaires , un nouveau motif de se tenir en défiance, et de préparer toute leur résistance au
rétablissement des tyrannies auxquelles nous

avons si difficilement échappé ; défiance et résistance que j'espère ranimer , en achevant de mettre en évidence l'injustice et l'immoralité de la loi que je combats.

Enfin, et c'est ma troisième raison , je ne suis point du tout convaincu que la résolution du conseil des cinq cents soit infailliblement adoptée au conseil des anciens. Je vois dans cette section du corps législatif des hommes de grand courage et d'un grand talent qui peuvent s'y faire entendre plus aisément et avec plus de succès que ceux qui ont défendu les pères au conseil des cinq cents ; la discussion y sera plus suivie et aura plus de maturité. Si elle étoit retardée mon écrit auroit encore le temps de paroître. Si elle devance ma publication , et qu'elle soit conforme à mon vœu, elle se trouvera surabondamment justifiée par les réflexions nouvelles que j'ai rassemblées. Enfin, si les pères et mères d'émigrés perdoient encore leur cause à ce second tribunal, il demeurera du moins prouvé aux yeux des personnes qui auront la patience de suivre cette discussion jusqu'au bout, que rien n'a été négligé pour défendre la cause de la justice et de l'humanité.

I. Le rapporteur commence par répéter avec

beaucoup de détail et d'emphase une impata-
tion qui a toujours été le grand moyen des
persécuteurs des pères et mères, et qui consiste à les accuser sans preuves de complicité
dans les mesures hostiles des émigrés.

Il avance donc que la classe d'hommes que
poursuit son décret « s'est partagée en deux
» bandes, l'une d'émigrés devenus satellites des
» puissances étrangères, l'autre des parens des
» émigrés restés à postes fixes dans l'intérieur
» pour y fomenter des troubles ; des divisions,
» y favoriser des complots ; que les pères et
» mères d'émigrés ont persisté dans une con-
» nivence coupable avec leurs enfans, qu'au
» lieu de les engager à déposer les armes ils
» ont entretenu la guerre que les émigrés
» avoient allumée, et qu'aux approches du
» 10 d'août ils ont conspiré avec plus d'achar-
» nement que jamais ».

On a déjà répondu à cette imputation dans
la dernière défense, et sur-tout en sommant
l'accusateur d'indiquer les hommes coupables
de ces complots contre la République, et de
les dénoncer aux tribunaux ; tant qu'il n'aura
pas satisfait à ce défi, son accusation ne peut
mériter la moindre attention du législateur.

On ajoutera ici deux réflexions, ce semble, décisives.

La première est qu'il est horrible qu'un législateur ose solliciter une loi pénale générale enveloppant des milliers de familles et d'individus sur une allégation sans preuves et sans détails, et qui ne porte distinctement sur aucun individu, lorsqu'il est évident que parmi les victimes de la sévérité d'une pareille loi un grand nombre ne peut être coupable du délit imputé vaguement à tous. Les révolutions sont fécondes, il est vrai, en injustices de ce genre, mais je réponds avec bonne foi et avec quelque connoissance de l'histoire, qu'en aucune assemblée délibérante, chez aucun peuple connu on ne trouvera une loi pénale sollicitée et rendue sur des motifs de cette nature mis en avant avec une si blâmable légèreté.

Ma seconde réflexion sera ; si les pères et mères d'émigrés sont coupables de tous les crimes que leur impute le rapporteur, ce n'est pas de la confiscation actuelle d'une portion, d'une moitié, des trois quarts de leur bien, c'est de la totalité, et en outre de la mort suivant nos loix mêmes, qu'il faut les punir. Celui qui, montrant d'ailleurs une extrême sévérité pour ne rien dire de plus contre des hommes qu'il dénonce comme coupables d'un grand crime, ne les frappe ensuite que d'une peine moindre que celle que les loix y ont appliquée, ne croit pas lui-même à la vérité de son accusation puisqu'il ne se refuseroit pas aux conséquences que le délit do t entraîner pour le coupable.

On dira que c'est l'humanité, l'indulgence du rapporteur qui le conduit à prononcer une peine moins sévère, tout convaincu qu'il est de la réalité et de la grandeur du délit.

Mais, outre que le représentant Pons se montre dans tout son rapport bien éloigné de toute indulgence, ni lui-même n'est en droit de modérer ainsi la peine du crime de conspiration, ni les pères et mères d'émigrés disposés à recevoir cette grace de lui. Ils dédaignent sa clémence, ils demandent à être punis selon la rigueur des loix s'ils sont criminels, et à ne subir aucune sorte de peine telle que le seroit la confiscation d'une partie de leurs biens s'ils sont innocens; demande à laquelle aucun gouvernement équitable ne peut se refuser.

II. Le rapporteur cherchant à écarter des pères et mères, aïeuls et aïeules d'émigrés l'intérêt qui se porte assez naturellement sur un

père et une mère de famille, et sur la vieil-
lesse de l'aïeul et de l'aïeule d'émigré, va leur
chercher des torts jusques dans les prisons où
la plupart ont été jetés par une violation horrible de tous les droits de l'homme en société
et de toute justice, et d'où un si grand nombre
de leurs pareils a été mené à la mort.

Il observe qu'après le 9 thermidor « on mon-
» tra aux pères et mères d'émigrés des disposi-
» tions plus douces, qu'on leur tint compte des
» souffrances qu'ils avoient essuyées et des
» dangers qu'ils avoient courus », mais tout de
suite après il fait de ces sentimens le sujet d'une
sorte de reproche à ceux qui s'y sont laissés
aller, ou il tâche du moins de les affoiblir en
observant que c'étoit-là « oublier qu'au sein
» du malheur ils étoient restés opiniâtrément
» attachés à leurs préjugés, et que dans les
» prisons même où ils avoient langui, ils avoient
» établi une ligne de démarcation entr'eux et
» leurs compagnons d'infortune qui n'étoient
» pas des ci-devant nobles. »

Si j'en crois ce que j'ai oui rapporter par
des témoins croyables, ce tableau de la conduite des ci-devant nobles dans les prisons,
dont la France a été couverte, est très-con-
traire à la vérité; la plupart se sont résignés

à leur sort, ont oublié les distinctions de naissance et de rang, et d'emplois qui leur attiroient un traitement si cruel : ont vécu avec leurs compagnons d'infortune, artisans, domestiques, etc. sans se plaindre de l'égalité qu'apportoit entr'eux le malheur ; soulageant les plus pauvres, souvent même leur rendant les mêmes services qu'en d'autres temps ils auroient reçu d'eux. Je pourrois citer en ce genre des traits nombreux et touchans, si je daignois m'arrêter sur un reproche qui, fut il aussi bien fondé qu'il l'est peu, ne sauroit mener à aucun résultat contre ceux qu'on attaque ; car que fait à la cause des pères et mères, aïeuls et aïeules d'émigrés, le tort qu'ils peuvent avoir eu de conserver leurs préjugés, dans les cachots où on les jettoit ? Comment étoient-ils criminels de conserver leurs opinions, qui après tout ne peuvent être regardées comme des crimes. Quelle obligation y avoit-il pour les ci-devant nobles de se rapprocher en prison des classes de ci-toyens, estimables tant qu'on voudra, mais avec lesquels ils n'étoient pas accoutumés à vivre ; qui le plus souvent ne vouloient pas vivres avec eux, et dont les manières, les mœurs, les idées étoient en quelque opposition avec les

les leurs? il faut être bien dépourvu d'humanité et de justice pour ôser faire un crime à ces malheureux , victimes d'une exécrable oppression que le rapporteur ne peut dissimuler , quoiqu'il n'en parle en aucun endroit avec l'horreur qu'elle mérite , pour leur faire dis je un crime d'avoir conservé leurs opinions, fausses ou vraies , bonnes ou mauvaises, lorsqu'au contraire il faudroit voir à cela une sorte de courage et convenir qu'avec quelque hauteur d'ame , ce n'étoit pas pour eux le moment d'en changer.

III. Le rapporteur rappellant la loi du 17 frimaire , an 2e. qui ordonne le séquestre des biens des pères et mères d'émigrés mineurs, ainsi que celui des biens des pères d'émigrés majeurs , à moins que les pères de ceux - ci ne prouvassent qu'ils s'étoient opposés de tout leur pouvoir à l'émigration , convient que cette exception étoit juste , mais ne se croyant pas sans doute lié par cette aveu , comme le seroit tout autre que lui, non seulement il ne rétablit pas la distinction dans le projet de Chazal, qui l'avoit déjà écartée , mais il croit faire disparoître l'injustice en nous assurant que *très-peu de pères et mères d'émigrés en eussent profité* , « que pour un petit nombre dont

» l'opposition au départ de leurs enfans pou-
» voit avoir été bien marquée, et que l'opinion
» de leur département justifioit de la com-
» plicité; on en trouvoit beaucoup qui avoient
» fait prendre aux leurs le chemin du crime
» pour celui de l'honneur. »

Toutes les idées du droit et de la justice sont abandonnées dans cet exposé.

D'abord c'est sans aucune preuve que le rapporteur avance que très-peu de pères et mères d'émigrés eussent pû profiter de l'exception énoncée par la loi du 17 frimaire, et par la raison qu'il assure sans preuves; on peut nier le fait qu'il avance, sans preuves aussi.

En second lieu la loi elle-même, en exigeant la preuve du père et de la mère d'émigré, étoit une violence, une atteinte au droit naturel que tout homme a d'être présumé innocent, tant qu'on a pas prouvé qu'il est coupable.

3°. Quand il seroit vrai qu'un petit nombre de pères eussent pu profiter de l'exception dont il s'agit, la justice demandoit encore que ceux-là ne fussent soumis à aucune peine ou contrainte, d'après le rapporteur lui-même, qui reconnoît que l'exception étoit juste.

4°. Quand le rapporteur nous donne l'o-
pinion d'un département, comme devant in-
fluer sur le jugement qu'on portera d'un citoyen, pour savoir s'il est complice de l'émigration de son fils, et si il doit subir une peine
pour ce délit une fois prouvé; il parle un langage indécent dans la bouche d'un législateur,
et oublie les plus simples loix de la justice :
car que fait l'opinion d'un département, et
de vingt départemens, pour me constituer
coupable; tout crime n'est-il pas un fait, et
un fait qui doit être prouvé pour entraîner une
peine ? or, l'opinion d'un département ne peut
pas prouver un tel fait.

IV. Pour suivre dans le rapport ce qui est
relatif à la loi du 17 frimaire, je dirai que
c'est bien inutilement que Pons entreprend de
persuader que la distinction établie par cette
loi étoit impraticable, après être convenu lui-
même qu'elle étoit juste.

« Cette distinction, dit-il, auroit entraîné
» une foule de sous-distinctions : combien de
» nuances ne falloit-il pas saisir; on ne sauroit
» graduer une loi comme un thermomètre....
» Ces différences étoient si difficiles, ou plutôt
» tellement impossibles, qu'on aima beaucoup
» mieux n'en pas faire ».

Pons

Pons suppose des difficultés là où il n'y en a point à vaincre. On ne voit point du tout pourquoi, après avoir distingué parmi les parens d'émigrés ceux qui s'étoient opposés à l'émigration, ou eût été conduit à des sous-distinctions : il n'étoit pas nécessaire de faire des classes de ceux qui avoient ce moyen de défense aux yeux de la loi ; tous ceux-là étant innocens, il n'étoit nullement besoin de savoir de combien d'espèces il y en avoit, pour les soustraire à la peine prononcée.

Quant aux nuances à saisir et à la difficulté de graduer la loi comme un thermomètre, ce sont encore là des idées chimériques et des besoins sans réalité ; ce n'est pas une nuance, mais une couleur bien tranchée que le caractère d'un père ou d'une mère d'émigré, dont le fils est âgé de trente ans, ou dont la fille mariée a été emmenée par son mari, et qui n'ont pu, par ces raisons, en aucune manière, empêcher leur émigration.

J'entends bien que cette distinction, toute marquée qu'elle est, l'intérêt de ceux qui veulent, à toute force, s'emparer de la propriété des pères et mères, est de l'appeller nuance, et nuance trop délicate pour être saisie, parce qu'il leur paroît plus facile de

B

s'en tenir à ne voir que des pères et mères d'émigrés et des biens à confisquer ; mais c'est l'injustice et l'invasion qui confondent ainsi, parce que c'est leur intérêt de confondre : la justice, au contraire, sépare, distingue l'innocent d'avec le coupable, sans se plaindre de sa peine à les distinguer. Je dévoilerai, à cette occasion, l'artifice de Pons et de Chazal, et généralement de ceux qui ont montré un si grand acharnement contre les pères et mères d'émigrés. Il est le même que celui de ceux qui ont fait leur affaire de poursuivre, au nom de la république, la prise de possession des biens des émigrés eux-mêmes.

Ceux-ci, pour étendre la confiscation, autant qu'il leur étoit possible, ont eu l'attention constante, l'obstination de confondre toutes les espèces d'émigrés, pour les présenter tous en masse comme des ennemis actifs et irréconciliables du gouvernement actuel : femmes, enfans, vieillards, magistrats, prêtres, religieux, religieuses, émigrés chassés par la terreur, échappés à l'incendie de leurs possessions, aux prisons et aux échafauds de Robespierre, et dès le commencement de la révolution à une proscription dont ils eussent été infailliblement les victimes ; qui, tous en fuyant, n'avoient et ne pouvoient avoir aucune vue hostile ; qui se sont refugiés en grand nombre dans des pays neutres ; qui ont passé les mers , ect.

Toutes ces classes de fugitifs français ont été indistinctement comprises sous le nom générique d'émigrés , en entendant, par ce mot, un ennemi en armes , ne respirant que la vengeance, et apportant le fer et le feu sur notre territoire.

Cette obstination à confondre des choses si différentes, a eu manifestement pour motif le besoin de marquer du signe de proscription tous ceux qu'on pouvoit avoir quelque prétexte de dépouiller.

Or , lorsqu'on a pris le parti d'étendre la saisie jusques aux biens des parens des émigrés, on a tiré le même avantage pour le fisc de la confiscation déjà établie. Comme on n'avoit pas distingué la jeune personne emmenée par son père , et la femme emmenée par son mari, et le vieillard, ou le prêtre, ou le magistrat, fuyant pour éviter la mort, et sans aucune vues hostiles, afin de confisquer leurs biens, comme celui des émigrés portant les armes, on n'a pas voulu, et Pons ne veut pas distinguer non plus les pères et mères, ayeuls, et ayeules de cette espèce d'emigrés , que j'appelle émigrés de peur, des pères et mères, ayeuls et ayeules d'émigrés en armes , afin de les envelopper tous dans la confiscation.

Ce n'est pas qu'au fonds les pères et mères des émigrés armés puissent être spoliés avec plus de justice que les pères et mères des émigrés de peur, puisque les fautes sont personnelles et que le crime de l'émigré armé n'est pas plus celui de ses parens que l'émigration de la jeune femme emmenée par son mari n'est celui de son père et de sa mère.

Mais il y a pourtant cette différence, qu'outre que dans ce dernier cas il n'y a pas l'apparence même d'un délit, il n'y a pas non plus l'ombre d'un dommage ni réel ni projeté contre la République, pour lequel elle puisse demander une indemnité , au lieu que ce prétexte se trouve quand il s'agit de l'émigré faisant la guerre à son pays.

Certainement le seul énoncé de ces distinctions prouve qu'elles ne sont pas si difficiles et encore moins impossibles à faire, comme le dit Pons de Verdun, et quand il ajoute qu'on *aima mieux* ne les pas faire, il tombe dans le ridicule, car c'est une plaisante raison pour spolier vingt ou trente mille chefs de familles en bloc que *d'aimer mieux* ne pas se donner la peine de distinguer ceux qui auroient droit à une exception.

Je dirai encore un mot d'une distinction que Pons ne peut trouver ni impossible ni difficile, c'est celle qu'avoient faite jusqu'ici toutes les nations tant sauvages que policées, et qui mettoit un sexe foible et timide hors du cercle de ces loix dures et cruelles qu'amènent les révolutions des empires. On n'avoit pas vu avant nos temps malheureux une loi qui défendit sous peine de la confiscation de ses biens, de la ruine de ses enfans, à une femme, à une mére de sortir d'un pays troublé par des dissentions politiques ; de fuir les violences et les meurtres qu'elle voit se commettre sous ses yeux, de s'éloigner d'une terre qui se couvre de prisons et d'échafauds et s'abreuve du sang de ses amis et de ses proches. Une telle distinction étoit facile sans doute et conduisoit à cette conséquence que cette espèce d'émigrés, les femmes ne pouvant être coupables par leur émigration, leurs pères et mères, aïeuls et aïeules devoient être à plus forte raison à l'abri de toute loi pénale pour un fait qui non-seulement n'est pas le leur mais qui, dans leurs enfans même, ne peut être réputé délit. Je suis donc en droit de dire qu'une loi où l'on a négligé de faire une exception si juste n'est pas digne d'une nation policée.

Le rapporteur et la commission dont il est l'organe sont d'autant plus inexcusables d'avoir écarté des distinctions si faciles et si justes qu'ils se sont avisés d'en établir une autre qui, sans être plus aisée à faire, choque tous les principes d'une sage législation, et en particulier celui de *l'égalité de tous devant la loi.*

Ils s'écartent en effet de ce principe en ménageant une exemption à ceux d'entre les pères et mères d'émigrés qui, n'ayant qu'une fortune modique, pouvoient être supposés sans préjugés *de naissance, et n'ayant point de privilèges à regretter;* pour ceux-là, dit Pons, on *a pourvu à ce qu'ils fussent exempts de fournir l'indemnité en fixant un minimum de fortune au-dessous duquel le père d'émigré n'est pas atteint par la loi, parce que dans cette classe moins aisée l'innocence se présume.*

« A l'égard de tous les pères et mères d'é-
» migrés dont la fortune excède le minimum
» déterminé, on a cru devoir sans distinction
» de culpabilité ou d'innocence, mettant à
» part toute idée de récompense ou de peine
» en les dispensant des preuves exigées par

» cette même loi du 17 frimaire, leur appli-
» quer une mesure politique, commune qui
» conciliât l'intérêt public avec le leur ».

Quelle inégalité dans les traitemens et devant la loi, et par conséquent quelle injustice
et quelle immoralité dans la loi ? L'innocence
présumée dans un citoyen parce qu'il est de
la classe la moins aisée, et le délit supposé
dans un autre parce qu'il appartient à une
classe ci-devant privilégiée ! de sorte que ces
privilèges qu'il tenoit sans crime de la naissance, de la fortune, et dont on l'a dépouillé
avec violence, avec insulte, avec violation de
sa liberté, de sa propriété, et souvent avec
danger pour sa vie, on les lui rend, si je puis
m'exprimer ainsi, pour se donner le droit de
le trouver coupable, et pour le dépouiller et
l'opprimer encore.

C'est dans un législateur un étrange procédé
sans doute, que d'écarter dans une loi qui
frappe des individus toute distinction de culpabilité ou d'innocence, le devoir du législateur
étant au contraire de distinguer et de traiter
différemment l'innocent et le coupable; cette
distinction il n'est pas en droit de la négliger
à son gré et de se refuser à écouter l'innocent
qui la réclame. Je suis père d'émigré, je n'ai

B 4

point concouru à l'émigration de mes enfans, j'invoque mon innocence pour ne pas être dépouillé de mes biens à raison de leur absence, et vous me direz froidement, vous législateur, nous avons cru devoir ne faire aucune distinction de culpabilité et d'innocence ! Votre réponse est-elle supportable ? Les pères et mères riches et les pères et mères pauvres sont tous également pères et mères d'émigrés. Il n'y a pas moyen de dire que les enfans de ceux-ci ne font pas la guerre à leur patrie, quand on l'assure de tous les émigrés sans restriction : dans cette supposition ils causent à la République le même dommage que les enfans des pères riches. Leurs pères doivent donc la même indemnité, à ne considérer l'expropriation du père de famille que comme une indemnité due à la République pour le dommage que cause l'émigré. Si contre toute idée de justice, on prononce contr'eux la confiscation comme une peine d'un délit dont le père est punissable pour le fils, il n'y a pas plus de raison d'en exempter le père pauvre que le père riche, puisque le délit est le même pour tous deux.

Pons semble vouloir écarter cette dernière explication en disant qu'on a mis à part toute idée de récompense et de peine.

On ne sait ce qu'il veut dire avec cette récompense ; qui est ce qui lui en demande, et
comment peut-il en être question ici, à moins
que par un renversement de toutes les idées
saines qu'il nous donne bien lieu de soupçon-
ner en lui, il ne se regarde comme récompen-
sant ceux qu'il ne dépouille pas, et comme
leur récompense ce qu'il daigne leur laisser ?

Quand à la peine, il a beau dire qu'il en
écarte l'idée s'il laisse la chose, et encore
une fois, c'est une peine cruelle infligée à un
père et une mère, à un vieillard et à sa
compagne, de leur prendre une grande portion
de leurs biens, pour le délit de leurs enfans
et petits enfans.

Enfin, l'opération de Pons n'est pas justifiée
par cette étrange raison, que c'est une mesure
politique *commune*, car outre qu'elle n'est
pas *commune* comme on vient de le voir aux
pères pauvres comme aux pères riches, elle
est injuste en cela même qu'elle est commune
à tous les pères et mères, aïeuls et aïeules
d'émigrés, sans distinction de ceux qui n'ont
ni coopéré à l'émigration ni pu l'empêcher,
et de ceux-là même qui s'y sont opposés.

Je n'entends pas au reste ce que peut valoir
ce mot de *mesure politique* pour soutenir un

traitement uniforme et le même fait à des individus qui se trouvent manifestement dans des
circonstances différentes : si l'on entend que
la politique conseille de s'en servir, c'est-à-
dire, qu'on y trouve du profit pour la république, pour le fisc, ce qui n'est pas contestable
au moins pour ce qu'on peut appeller un profit présent et actuel; mais ce profit n'empêchant
pas qu'il n'y ait dans la mesure un envahissement de la propriété qui ne peut entrer dans
le système d'aucune politique raisonnable, elle
n'en est pas moins indigne d'un bon et sage
gouvernement.

V. Je passe à ce que dit Pons, de Verdun,
« que cette mesure politique est d'accord
» avec l'intérêt public et avec celui des pères
» et mères d'émigrés : avec celui de la répu-
» blique, en faisant cesser les séquestres nui-
» sibles à la culture et au commerce, et avec
» celui des pères en leur rendant la faculté
» d'aliéner et de succéder, et les dispensant
» de fournir l'équipement et la solde de deux
» hommes, etc. »

Quant à l'intérêt qu'on appelle de la république, nul doute qu'en levant les séquestres
on ne fasse cesser une cause très-active et
très-étendue de ruine pour la nation, c'est ce

qu'on a dit souvent en défendant les pères et mères d'émigrés de cette vexation, mais faire finir le séquestre et confisquer pour la nation la moitié ou les trois quarts du bien séquestré, sont des mesures très-distinctes et très-séparables, dont la première est utile et juste et dont la seconde est injuste, et par conséquent nuisible; une nation ne pouvant jamais trouver dans une injustice une utilité véritable et au moins durable et digne d'être recherchée.

Il y a autre chose à dire de l'intérêt des pères et mères d'émigrés à la conservation de la loi du 9 floréal, on a dit et prouvé dans la Cause des pères que le décret du 9 floréal, étoit non-seulement plus sévère que les loix précédentes, consistant en contributions particulières de guerre et en séquestres qui n'étoient que provisoires, et qui devoient bien être levés sous peine de voir une dégradation horrible et de ces biens et de la culture de la France.

On a observé que les avantages que peuvent trouver les pères et mères à l'exécution de la loi du 9 floréal, n'étant autre chose que la cessation des vexations qu'ils éprouvent actuellement et auxquelles on substituera l'envahissement d'une portion de leur propriété ; on ne justifioit pas une loi vexatoire en disant qu'elle délivre d'une autre ou plus grande vexation. Les pères et mères d'émigrés non coupables de l'émigration de leurs enfans, ne peuvent-être soumis justement ni aux traitemens cruels qu'on leur a fait essuyer, ni a des taxes particulières et exorbitantes contre les maximes de l'égalité et de la proportion dans l'impôt, ni au séquestre de leurs biens, ni en un mot, à aucun de ces inconvéniens, ou plutôt de ces peines dont on fait à la nouvelle loi un mérite de les délivrer : on ne peut donc justifier cette loi par un tel moyen.

VI. Pous cherchant à persuader que la loi du 9 floréal est indulgente et douce, la raproche de celle du 17 frimaire, dont il dit : « que si elle eût été reproduite avec un mode » d'exécution avant l'époque du 9 thermidor, » tous ceux des pères et mères qui n'auroient » pu soutenir les épreuves auxquelles cette loi » les soumettoit, eussent été infailliblement » privés de la totalité de leurs biens ».

Cette justification est encore du même genre que la précédente, c'est à-dire, fondée sur ce que les pères et mères pouvoient éprouver pis encore que les effets de la loi du 9 floréal,

C'est au temps de l'oppression, **exercée par Robespierre** et ses affreux complices, que Pons de Verdun ose nous reporter ; et parce que les brigands-assassins, qui étoient alors nos maîtres, eussent dépouillé infailliblement les pères et mères d'émigrés de la totalité de leurs biens, si on leur en eût laissé le temps, les pères et mères, échappés à cette ruine totale comme par miracle, doivent se trouver fort heureux de ne perdre aujourd'hui, par la loi du 9 floréal, que la moitié ou les trois quarts de leurs propriétés. Je ne daigne pas combattre, par des raisons, un sophisme tout-à-la fois si cruel et si grossier. C'est celui du loup de la fable, à une légère différence près.

Ingrata es inquit, ore quæ nostro caput
Incolume abstuleris, et mercedem postulas.

Après avoir si mal prouvé que la loi du 9 floréal améliore le sort des pères et mères d'émigrés, amélioration qui ne peut la justifier puisqu'elle n'est qu'une vexation plus grande ou moindre substituée à une vexation antérieure, Pons prévient une objection qui résulte bien naturellement des efforts que font les pères et mères pour éloigner d'eux ce calice, et prétend expliquer comment ils montrent aujourd'hui tant d'éloignement pour se soumettre à cette loi bienfaisante. Il avance donc que la loi fut d'abord reçue par eux avec reconnoissance, et qu'ils s'empressoient de l'exécuter *lorsqu'un changement survenu dans l'horison politique ralentit leur empressement. Ils sollicitèrent*, dit il, *d'abord des délais ; ensuite la loi fut attaquée et mise en pièces par des plumes vénales, comme une production monstrueuse, atroce ; bientôt sa suspension fut prononcée ; bientôt la conspiration du 13 vendémiaire éclata.... l'avantage de cette mémorable journée étant resté aux républicains, il faudra bien revenir à la loi du 9 floréal comme a beaucoup d'autres.*

Je dirai d'abord que j'ai vu un grand nombre de pères et mères d'émigrés dans le cours de la défense de leur cause, et j'atteste que, loin d'en trouver aucun qui ait reçu cette loi avec reconnaissance, je les ai vus tous la regardant comme une grande oppression, et que ceux en qui j'ai vu le plus de modération l'ont reçue avec la résignation du foible en proie au plus fort. Si Pons a rencontré des pères et mères plus faciles à contenter, ces gens avoient sûrement une manière de penser et de sentir bizarre, dont Pons auroit dû se défier,

car il ne persuadera à personne que cette reconnoissance des pères et mères pour Chazal
ait été bien commune.

Comment croire en effet qu'un père et une
mère de famille ayant plusieurs enfans émigrés se soient empressés de livrer à la nation
la moitié, les trois quarts, et en certain cas
les quatre cinquièmes, la presque totalité de
leurs biens, et leur habitation même, et que
pour les porter à demander des délais et une
suspension il ait fallu qu'il survint un grand
changement dans l'horison politique.

Pons de Verdun qui dit ici que la loi fut
attaquée et mise en pièces *par des plumes vénales*, dans son rapport à la tribune, tel qu'il
a été uniformément rendu par les papiers publics, s'étoit énoncé d'une manière moins in-
jurieuse sur le compte des écrivains qui ont
attaqué la loi du 9 floréal ; on avoit opposé à
la loi, selon lui, des écrits *plus ou moins rai-
sonnés, plus ou moins pathétiques*, expres-
sions mal-adroitement dénigrantes, mais qui
ne sont pas des insultes : on le somme de dire
aujourd'hui quels renseignemens nouveaux lui
ont fait connoître que la plume de celui de ces
écrivains qui a suivi cette discussion avec le
plus d'obstination, et dans divers écrits, a été

vénale ? qui l'a payée ? de quel prix ? de quelle manière ?

Qu'on dise d'un écrivain qui emploie l'injure, la violence, la déraison, la mauvaise foi à défendre une cause, qu'on a payé ses injures et sa déraison et ses mensonges, quoiqu'il y ait des gens qui font tous ces frais dans un écrit sans être payés par personne, l'imputation n'est pas sans vraisemblance ; mais si en traitant une question intéressante d'administration ou de législation, un auteur a écarté toute personnalité, toute injure ; s'est montré manifestement animé du desir de démêler et de faire connoître la vérité ; a été de bonne foi avec lui-même et avec ses lecteurs ; s'est appuyé dans cette recherche de tous les moyens que fournit à l'homme l'usage de sa raison et l'art de l'employer, se trompa-t-il grossièrement dans ses résultats, c'est un reproche dépourvu de sens autant que de vraisemblance, que de l'accuser d'avoir vendu sa plume. La bonne foi ne s'achette ni ne se paye par cela même qu'elle est la bonne foi.

Il y a plus, quand un tel avocat seroit payé et très-chèrement payé, on ne pourroit pas dire que sa plume est vénale, parce que, par la supposition même, ce ne seroit pas parce
qu'il

qu'il auroit été payé qu'il auroit défendu cette cause, mais parce qu'il l'auroit crue bonne et juste; c'en est assez pour faire apprécier ce reproche calomnieux sur lequel je rougirois de m'arrêter pour moi même plus long temps, et que je serois en état de repousser bien loin si je ne savois pas qu'on ne doit pas occuper de soi le public.

La dernière partie de la période de Pons manque aussi absolument de justesse et de vérité. Selon lui, parce que l'avantage de la journée du 13 vendémiaire est resté aux répu-» blicains, il faudra bien en revenir à la loi du » 9 floréal ainsi qu'à beaucoup d'autres ».

Ces paroles présentent d'abord une imputation aux pères et mères d'émigrés, d'avoir participé aux mouvemens du 13 vendémiaire, imputation injuste et sans fondement. On a déjà porté à Pons de Verdun le défi de prouver en aucune manière cette participation, et jusqu'à ce qu'il ait satisfait à ce défi, en nommant un nombre de coupables et en appuyant de preuves son accusation, il ne peut se défendre du reproche de calomnie.

L'accusation a encore ce vice monstrueux d'envelopper indistinctement tous les pères et mères d'émigrés, quoiqu'il soit bien manifeste

que, répandus dans toute l'étendue de la France
la plupart ont nécessairement ignoré qu'il dût
y avoir un 13 vendémiaire à Paris ; que ceux
mêmes qui vivoient à Paris, avant desiré peut-
être comme beaucoup de bons citoyens, que
la nouvelle assemblée législative fut renouve-
lée en entier par le libre choix des assemblées
primaires, ne sont pas pour cela entrés dans
les mesures des sections pour le 13 , car un
souhait pareil n'est pas une *conspiration*.

Enfin je dirai plus , en supposant que les
pères et mères d'émigrés dans toute l'étendue
de la France, et les aïeuls et aïeules, retirés
au fond des provinces et attendant la fin d'une
vie qu'on leur a rendue si amère, eussent tous
participé aux projets qu'on a voulu exécuter
le 13 vendémiaire, ils pourroient être poursuivis pour ce délit et punis des peines que la loi
y applique ; mais de ce qu'ils s'en seroient rendus coupables, il ne s'ensuivroit pas qu'on dût
exécuter la loi du 9 floréal ; les peines que fait
subir cette loi aux pères et mères d'émigrés,
n'étant nullement celles qu'inflige notre législation au crime de conspiration. Tout homme
qui a quelque idée de la justice et de la manière de l'administrer, sentira la force de cette
raison.

VII. Après avoir appuyé la loi du 9 floréal sur des fondemens si ruineux, le rapporteur prétend répondre aux seules objections que la commission ait trouvé dignes de quelque réponse.

La première est, qu'on ne sauroit succéder à des hommes vivans. Il prétend que ce n'est là *qu'un misérable jeu de mots*, parce que, dit-il, « ce n'est pas succéder à des hommes » vivans que de transiger avec eux sur une in- » demnité à laquelle ils ne pouvoient échapper » de leur vivant, et de leur rendre la faculté » d'améliorer leur succession pour leurs héri- » tiers légitimes en la purgeant de l'hypothèque » qui la frappoit toute entière ».

En raisonnant ainsi, le rapporteur ne répond point du tout à l'argument qu'on lui oppose. Ce qu'il dit est étranger à l'objection.

Un père et une mère d'émigrés disent aux promoteurs de la loi, vous nous prenez au nom de nos enfans émigrés, la part de nos biens qui pourroit leur revenir dans cinquante ans, et après notre mort. La république se met à leur place et exerce dès à présent et de notre vivant des droits de succession qui ne peuvent échoir à nos enfans qu'après nous; nous restons ainsi dépouillés par vous avant le temps, comme la mort nous auroit dépouillés après notre carrière remplie. Vous nous succédez donc de notre vivant? Il nous semble que cet exposé n'est pas un miserable jeu de mots. C'est bien vous plutôt, continueront-ils, qui abusez des mots en appellant cette succession anticipée, cette usurpation de nos biens, une transaction; que nous font les noms, si nous souffrons des choses? nous n'avons à transiger avec personne pour conserver la jouissance de notre propriété; et puis c'est une étrange transaction que celle que vous établissez et dont vous réglez toutes les conditions sans nous consulter?

Enfin, quel est l'objet de cette prétendue transaction? une indemnité, dit Pons, à laquelle ils ne pouvoient échapper de leur vivant. Je crois bien en effet, que les pères et mères, ayeuls et ayeules ne pouvoient échapper de leur vivant à une oppression préparée et soutenue avec un si grand acharnement, et Pons et la décision qui a suivi son rapport me le font voir; mais ce n'est pas là une raison de transiger; ou une transaction pareille porte manifestement le caractère de la violence, par là même que celui qui en est lézé n'a pas pu s'y soustraire.

La raison nous dicte encore que cette indemnité prise sur les pères et mères, ayeuls
et ayeules d'émigrés est une véritable exac-
tion, puisqu'elle n'a pour prétexte qu'un
dommage qui n'est pas du fait de ceux à qui
on la demande ; et c'est ici le lieu de rap-
peler un mot rémarquable de Pons , qui se
trouve plus loin et vers la fin de son rapport
à propos de l'indemnité.

Selon Pons , après avoir assuré qu'il y va
du salut de la patrie, à exécuter la loi du
9 floréal , ajoute , « que si ce motif ne ré-
» pondoit pas assez à toutes les objections ;
» il ne resteroit plus à ceux qui prétendent
» que les pères et mères d'émigrés ne doivent
» point d'indemnité , que de proposer à l'as-
» semblée législative de leur en accorder
» une ».

Homme cruel , vous osez plaisanter le
malheur , en faire l'objet d'une ironie insul-
tante ; mais vous êtes bien imprudent de
parler , même en vous mocquant d'indemnités à prétendre par les pères et mères d'é-
migrés ; car vous me fournissez une occasion
que je ne laisserai pas échapper de faire voir
combien cette indemnité seroit juste envers
eux, loin qu'on puisse leur en demander une.

C 3

Je crois qu'il est peu de mes lecteurs à la connoissance desquels il ne soit venu quelque triste exemple de pères et mères, ayeuls et aveules d'émigrés, victimes de spoliations de toute espèce dans leurs biens et dans leurs personnes : de traitemens indignes et cruels. On en connoit plus d'un qui ont vu disparoître un riche mobilier devenu la proye des réquisitions, et des armées révolutionaires; qui ont été soumis à des taxes arbitraires et exorbitantes; dont les biens ont été séquestrés et détériorés par le séquestre, jettés enfin en prison et quelque fois au cachot, pour y voir, durant des années entieres, l'instrument de mort suspendu sur leur tête, et tous ces maux accumulés sur eux, parce que leurs enfans ont émigré en un âge et en des circonstances qui les rendent indépendans; parce que leurs filles mariées ont été emmenées par leurs maris, en un mot, pour un délit d'autrui qu'ils n'ont pu ni prévenir ni empêcher.

De la part d'un père, d'une mère d'émigrés, qui peuvent exposer tant de dommages et de maux soufferts, Pons de Verdun oseroit-il bien trouver ridicule une demande en indemnité. En tout autre état de choses, qu'un horrible désordre et un extrême épuisement des moyens publics, y a-t-il un peuple policé, où une telle demande ne fut accueillie. L'impuissance absolue du gouvernement pourroit seule le dispenser d'y avoir égard ; mais lorsque les malheureux pères et mères de famille, trop instruits et trop convaincus de cette impuissance, n'ont pas même la pensée de former une demande si juste ; lorsqu'ils ne veulent que rentrer dans les restes de leurs propriétés dégradées par les séquestres et par tant d'autres causes de ruine, toutes du fait du gouvernement lui-même ; ne faut-il pas être également dépourvu de raison et de justice pour oser leur demander à eux-mêmes des indemnités.

Le rapporteur ne blesse pas moins toute logique, en prétendant prouver que le décret n'ouvre pas la succession des pères de leur vivant, « parce qu'on leur rend la faculté de l'améliorer pour leurs héritiers, en purgeant l'hypothèque qui la frappoit toute entière » puisqu'il est évident que cette hypothèque n'étant purgée que par la distraction d'une partie considérable des biens du père qui passe dans les mains de la nation, cette amélioration prétendue de ce qui reste n'empêche pas que la nation n'ait succédé au propriétaire vivant pour ce qu'elle lui a oté.

VIII. Il faut voir maintenant comme l'auteur se démêle de la grande objection élevée contre sa loi, que les fautes sont personnelles.

Son embarras est visible par cela seul, que pour se défendre de l'argument très-simple qui résulte d'un principe si clair et si précis, il écrit trois grandes pages de paralogisme et de déclamations.

Il faut qu'on me pardonne ici quelques détails.

Le rapporteur croit d'abord embarrasser beaucoup les défenseurs des pères, en leur demandant « voudroient-ils nier que les pères » ont coopéré d'une manière plus ou moins » directe, plus ou moins-adroite à l'émigra- » tion de leurs enfans? qu'ils ne s'y sont point » opposés, qu'ils n'ont rien fait pour l'empê- » cher ni pour la désavouer? oseroient ils » exposer leurs cliens sur ce point à des infor- » mations juridiques, à l'opinion de leur dé- » partement, à la conscience d'un juré? »

La forme prescrite ici par le rapporteur aux accusés pour prouver leur innocence, ne peut-être exigée par une juste et sage législation ; personne n'est obligé de prouver qu'il n'est pas coupable avant qu'on ait apporté quelque preuve qu'il l'est.

Ceux qui défendent les pères et mères d'émigrés disent que leurs cliens n'ont point coopéré à l'émigration de leurs enfans, ni directement ni indirectement ni plus ou moins adroitement, et les pères et mères font la même déclaration qui tant qu'elle n'est pas arguée de faux et combattue par des preuves raisonnables, suffit pour les mettre à l'abri de toute action.

Le rapporteur est encore plus injuste, lors qu'allant encore plus loin et se rendant plus difficile en preuves, il demande que les pères et mères « prouvent qu'il se sont opposés à l'émigration, qu'ils ont agi pour l'empêcher. » Car encore une fois, pourquoi faut-il que les pères et mères prouvent rien? c'est à ceux qui veulent les punir pour un délit qu'ils leur attribuent à prouver qu'ils en sont coupables.

Il y a bien plus : en se reportant aux horreurs du gouvernement révolutionnaire et depuis le 2 septembre 1792, (époque au de-là de laquelle on pourroit encore remonter) quel est l'homme conservant quelque sentiment naturel qui ose faire un crime à une mère de ne s'être pas opposée à l'émigration d'un de ses enfans, lorsqu'elle voyoit ses maisons incendiées et son époux et ses enfans poursuivis ? qui eut osé donner ce conseil à une épouse, à une mère.

On nous parle d'informations juridiques et d'opinion du département auxquelles les pères et mères n'oseroient s'exposer.

Quant à l'opinion des départemens, j'ai déjà relevé ce que ce moyen a d'illégal, en substituant à des faits, seul moyen de constater un délit, *l'opinion* qui ne prouve rien, sur-tout dans ces temps malheureux où elle est si étrangement corrompue par l'esprit de parti et égarée par la terreur.

Les informations juridiques peuvent s'établir sans que les pères et mères les sollicitent. Mais il faudroit qu'elles constatassent, non pas que les pères et mères *n'ont rien fait* pour empêcher l'émigration, car on ne prouve pas *qu'on n'a rien fait*, mais qu'ils ont coopéré à l'émigration, excité à l'émigration, etc.

Il en est de même de la conscience d'un juré qui ne peut non plus se guider que par des faits. Et j'observerai à cette occasion l'horrible abus qu'on a fait de cette expression, *la conscience des jurés*, en entendant par là un jugement du juré dépourvu de preuves, et non appuyé sur des faits une opinion, en un mot, ce qui est intervertir absolument les vraies notions qu'on doit se faire du jugement par juré, et des règles invariables et éternelles de la justice.

Le jugement des jurés, pour être énoncé en ces termes, *sur mon honneur et ma conscience*, n'en doit pas moins être la conséquence d'un raisonnement rigoureux, dans lequel il aura rassemblé dans son esprit des preuves du délit, qui selon toutes les législations doivent être *luce meridiana clariores.*

Dans la question dont il s'agit, il faudroit donc que des preuves de ce genre pussent être rassemblées aux yeux des jurés, et dèslors on peut répondre avec beaucoup d'assurance et de vérité au défi du rapporteur, que les pères et mères d'émigrés ne craindroient point un pareil tribunal.

IX. Dans ce qui suit, le rapporteur qui vient d'exiger des pères et mères des preuves de leur innocence, qu'ils ne doivent point; qu'on n'est pas en droit de leur demander; nous fait connoître que lui-même ne s'en contenteroit pas pour les absoudre : car il ajoute qu'il faudroit *que les pères et mères se fussent mis à l'abri de tout soupçon de complicité avec leurs enfans, par une conduite vraiment civique, par des protestations éclatantes, par des dé-saveux formels.*

Étrange jurisprudence, peut-on dire encore une fois, et sans cesse, qui exige du prévenu qu'il se mette à l'abri d'un soupçon, que personne n'a aucune raison valable de former .

On demande que les pères aient montré *une conduite vraiment civique.* On sait ce qu'ont voulu dire long-temps ces mots. On se souvient que long temps ils ont été synonimes de rage révolutionnaire : ainsi, il falloit, en beaucoup de lieux, avoir revêtu le costume révolutionnaires, avoir été membre des comités révolutionnaire ; avoir concouru aux mesures révolutionnaires, aux pillages, aux arrestations, et, pour le mieux, aux massacres révolutionnaires, pour obtenir le témoignage d'avoir eu une conduite *vraiment civique.*

On me dira, et je veux le croire, que Pons n'entend point tout cela par une conduite civique; mais alors on trouvera que tout homme qui a payé ses impositions, rempli les devoirs de citoyen dans sa commune, obéi aux loix, et vécu tranquille, et soumis au gouvernement, a eu une conduite civique, et doit être à l'abri de tout soupçon, sous un gouvernement équitable et modéré. Quant aux *pro-*

testations éclatantes et aux *désaveux formels* qu'exige le rapporteur, il demande, non-seulement, ce qu'on n'est en droit de demander de personne, mais ce qu'en beaucoup de cas, il a été immoral et injuste de demander, et dangereux aux pères et mères d'émigrés d'accorder.

Combien de pères et mères n'auroient pu faire ces *protestations* et ces *désaveux* sans trahir leurs enfans, et sans se mettre eux-mêmes en danger. A-t on oublié les vexations auxquelles, dès l'origine, les parens des émigrés ont été soumis, et auxquelles, après tout, personne ne peut être obligé d'aller s'offrir, ou offrir ceux qu'il sait les avoir encourues.

Non, on ne parviendra jamais à établir, comme morale publique et obligatoire, ni la vile délation, ni la dénonciation volontaire de soi-même, ni les sentimens prétendus héroïques de Brutus condamnant ses enfans, et de Timoléon, égorgeant son frère.

Après ces excursions, à un assez grand éloignement de son sujet, Pons en revient à l'axiôme, que les fautes sont personnelles, dont il s'efforce inutilement d'écarter l'application.

Il convient de la vérité de la maxime pour le préjugé qui attachoit l'infâmie aux parens du criminel, et dont l'injustice reconnue avoit été opposée aux défenseurs de la loi du 9 floréal, à qui on avoit dit, avec raison, que leur législation se trouveroit en contradiction avec la loi nouvelle, qui a voulu détourner de celui qui n'est pas coupable, jusques à une peine d'opinion ; mais il prétend que la maxime n'est pas applicable *quant à l'indemnité pécuniaire et aux dommages intérêts qui peuvent naître d'un délit, et dont les pères et mères sont passibles, dit-il, par la raison que, sous tous les régimes et dans tous les temps, les pères et mères, les maîtres et les maîtresses ont été responsables des faits de leurs enfans et domestiques.*

Examinons cette raison, et nous achéverons de nous convaincre qu'elle ne peut justifier la spoliation des pères et mères pour le délit de leurs enfans émigrés.

Les pères et mères, dit-on, ont été dans tous les temps responsables des faits de leurs enfans ; oui, des dommages causés par leurs enfans mineurs, cela est constant. Ainsi, si un enfant, entré dans la boutique d'un fayencier, y casse les pots et les plats, le père sera sûrement tenu de dédommager le fayancier.

Mais, si son fils, âgé de trente ou quarante ans, se donnoit le même plaisir, il n'en seroit pas ainsi ; car la peine, même pécuniaire, ainsi que la correction de police, si elle avoit lieu, seroient subies par le délinquant, sans aucune action sur le père : ce sont là les loix sous lesquelles nous avons jusqu'à présent vécu, ainsi que toutes les nations policées de l'Europe.

Il faut juger, d'après les mêmes principes, le cas des enfans émigrés ; les uns mineurs, les autres majeurs, et même ceux-ci étant supposés porter les armes contre leur patrie. Ces derniers, comme adultes, majeurs, et maîtres de leurs actions, doivent répondre eux-mêmes de leurs faits ; leurs biens, s'ils en ont laissé derrière eux, seront saisis et confisqués ; à la bonne heure : jusques-là la maxime, que les délits sont personnels, n'est pas violée ; mais si vous vous en prenez au père et à la mère et à l'ayeul et ayeule, quoi qu'il y ait dommage, le bon sens dicte qu'ils ne peuvent en être tenus.

L'enfant mineur émigré est dans un cas bien autrement favorable pour son père et sa mère, son aïeul et son aïeule restés paisible en france, car par la supposition même qu'il est mineur et véritablement enfant, son émigration n'apporte à son pays aucun dommage, il ne fait pas la guerre à son pays. Si je suppose que cet enfant est une fille , la chose est encore plus incontestable puisqu'elle est vraye de toutes les personnes du sexe même adultes ; qu'elle indemnité donc avez vous à répéter lorsqu'on ne vous a causé aucun dommage.

On dira sans doute que des enfans mâles émigrés encore mineurs , mais âgés de 16 et 18 ans , peuvent déjà faire la guerre et nuire à leur pays , mais par cela même qu'ils peuvent déjà guerroyer , ils rentrent dans le cas des enfans majeurs pour leur indépendance réelle et de fait de leurs parens , puisque personne de nous n'ignore qu'un jeune homme de 18 ans au service , ou déjà dans le monde jouit d'une sorte d'indépendance qui ne laisse plus à personne l'obligation de répondre pour lui.

XI. Le rapporteur prétend répondre à la différence que nous venons de faire entre les pères d'enfans mineurs et ceux des enfans majeurs, quand à l'indemnité par trois raisons.

L'une , que l'émigration est un crime auquel on ne peut comparer pour la gravité les délits ou quasi délits de l'espèce de ceux dont répondent les pères pour leurs enfans mineurs dans les cas ordinaires.

La seconde, que la mauvaise éducation et

les

les mauvais exemples habituels donnés par les pères d'émigrés à leurs enfans ; exemples, éducation qui ont conduit ceux-ci à émigrer ne peuvent pas être punis moins sévèrement que le défaut de surveillance momentanée que punit la loi, par les dommages et intérêts qu'elle fait payer aux pères pour les faits de leurs enfans mineurs.

La troisième, qui est *frappante selon* Pons *en défaveur*, contre les pères et mères d'émigrés, est que le délit des enfans émigrés, *profite aux pères et mères de ceux qui le commettent*, ce qui n'a pas lieu dans les délits ordinaires pour lesquels les pères et mères répondent et payent pour leurs enfans.

J'ai rendu intelligiblement ce que le rapporteur exprime d'une manière bien lâche et bien impropre. Reprenons ces différences ; le raisonnement du rapporteur alléguant la première est celui-ci ; « la loi rend les pères et mères responsables pour leur enfans de faits, qui ne sont que des fautes, des quasi délits, et non pas des crimes : à plus forte raison, peut-elle s'en prendre à eux pour l'émigration de leurs enfans, qui est un crime véritable, un crime énorme. »

Ce raisonnement ne répond point du tout

D

à l'objection que le rapporteur avoit à résoudre. On lui dit, les fautes sont personnelles ,
le père ne peut donc être puni pour la faute
de ses enfans, et il répond en alléguant la
gravité de la faute des enfans. Mais que la
faute soit plus ou moins grave, elle n'en est
ni plus ni moins étrangère au père qui ne l'a
point commise, et qui le plus souvent n'a pû
ni la prévoir ni l'empêcher.

Il semble au contraire, que plus un délit
est grave et plus on doit avoir d'éloignement
à en punir celui qui n'en est pas coupable.
Si l'émigration de peur est un crime égal à
celui de l'incendiaire et de l'homicide, nous
devons être bien plus éloignés d'en faire porter
la peine, qui par l'hypothèse même doit être
plus grande, sur celui qui en est innocent. Le
vice de cet argument du rapporteur est si
grossier et si sensible que je ne ferai pas à
mes lecteurs l'injure de m'arrêter plus long-
temps à le déveloper.

La déraison est plus choquante encore, s'il
est possible dans l'argument suivant ; avec ce
caractère de plus que le raisonneur ne semble pas pouvoir être de bonne foi ; tant est
grande la foiblesse de son moyen qui consiste
à trouver les pères coupables, parce que les

principes qu'ils ont inspirés à leurs enfans dans leur éducation, ont conduit ceux-ci à émigrer.

Quoi ! c'est sérieusement qu'on peut nous dire que le père ci-devant gentilhomme doit-être puni de l'émigration de ses enfans, parce qu'ils les a élevés dans les opinions communes parmi les gens de son état, dans la soumission au gouvernement sous lequel ils avoient à vivre, dans l'attachement à la monarchie, dans le respect pour le souverain auquel la nation entière obéissoit, et dont cette obéissance même légitimoit l'autorité, et qu'il leur a donné l'exemple de ces sentimens? C'est de bonne foi qu'on ose nous dire que le père de famille, noble, magistrat, administrateur, est coupable de n'avoir pas élevé ses enfans dans la haine de la royauté et dans l'amour du gouvernement populaire; de n'en avoir point fait des Brutus et des Gracques, et il nous faudra désormais, d'après ces étranges maximes, regarder Montausier, Fenelon, Massillon, L'hopital, Malesherbes et leurs pareils, qui tous ont enseigné et pratiqué le respect et l'obéissance envers les souverains sous l'empire desquels ils ont vecu, comme de vils corrupteurs, dont les leçons ont empoisonné nos ames, et dont les noms ne doivent plus être prononcés qu'avec horreur à nos enfans.

Tel est l'esprit, telles sont les conséquences de la doctrine du rapporteur faisant un crime aux pères des émigrés de l'éducation et des exemples qu'ils ont donnés à leurs enfans, et qui, selon lui, ont été les causes de l'émigration. On est indigné de voir dans l'homme un tel abus du discours, instrument de la raison.

Je ferai remarquer encore ici l'injustice criante qu'il y a de punir les pères de la faute des enfans, avec une législation qui rend les enfans indépendans et met les pères dans l'impuissance de les contenir.

A la Chine, au Japon, et dans d'autres états de l'Asie, les pères sont punis pour les fautes de leurs enfans, et le crime d'un seul entraîne la perte de toute une famille; mais les pères y ont sur leurs enfans une autorité illimitée, et jusqu'au droit de vie et de mort. Ces deux loix sont mauvaises, mais elles sont liées et conséquentes. Chez nous d'après les loix nouvelles, l'âge de la majorité avancé; la part de chaque enfant rigoureusement fixée par la loi, desorte qu'il la tient de la loi et non de son père; l'impossibilité où est celui-ci d'avantager ceux de ses enfans qui lui montrent les sentimens qu'il a droit d'en attendre, et de traiter moins favorablement ceux dont il a à se plaindre; et autant que tout cela, cet esprit général de liberté mal entendue, si voisine du libertinage et de la licence, et qui, dès l'origine de la révolution, a infecté les générations nouvelles : toutes ces causes et d'autres ayant réduit l'autorité des pères à de foibles remontrances, à rien, c'est le comble de l'injustice de rendre le père responsable des faits de ses enfans.

Reste la troisième différence assignée par le rapporteur entre le delit des enfans des émigrés et les délits ordinaires dont les loix néanmoins rendent les pères responsables pour leurs enfans; différence qui consiste en ce que les premiers profitent aux pères et mères de ceux qui les commettent, au lieu que les sottises, les quasi-délits d'un enfant discole dans les cas ordinaires, n'apportent aucun avantage à leurs parens.

C'est pour développer cette idée que le rapporteur s'écrie ; « pourquoi les émigrés ont-» ils déserté leur patrie; pourquoi se sont-ils » armés contr'elle; n'est-ce pas autant pour » l'avantage de leurs parens que pour le leur, » n'est-ce pas pour leur reconquérir des pré-

» jugés qu'ils partagent, des parchemins dont
» ils s'enorgueillissent, des abus, des privilèges,
» des pensions ; n'est-ce pas enfin pour leur
» rendre tout ce qu'ils ont perdu ? »

Il ne faut pas oublier qu'il est toujours question, pour le rapporteur, de prouver que la faute du fils émigré ne lui est pas tellement personnelle qu'il ne faille la punir dans son père, ce qu'il prétend établir par cette raison que le fils a émigré pour l'avantage de son père autant que pour le sien.

Mais c'est une chose claire comme le jour, que l'émigration du fils peut être avantageuse au père tant qu'on voudra, sans en être pour cela en aucune manière de son fait ; sans cesser de lui être absolument étrangère, que dis-je, en le supposant lui père au désespoir de l'émigration, et enfin, en supposant même, ce qui est très possible, que le fils soit émigré pour faire dépit au père, et en quelques cas, avec dessein de lui nuire.

Si cette dernière supposition si révoltante peut se réaliser, c'est à la suite même et par l'effet de la loi qui punit les pères de l'émigration de leurs enfans. Il y a plus d'un fils mal né à qui un caractère vicieux, la mauvaise compagnie, la violence de ses passions ont mérité l'animadversion, la sévérité d'un père, et qui a laissé s'élever dans son cœur à la place des sentimens que lui demandoit la nature, l'aversion, la haine pour les auteurs de ses jours. Eh bien! cet être malheureusement dépravé, la loi nouvelle l'arme contre la nature : elle met le sort de son père dans ses mains. S'il lui plait d'exiger que ce père paye ses folles dépenses, tolére ses égaremens, il n'a qu'à se présenter à lui, la loi de Chazal et de Pons à la main, et lui dire; si vous ne cédez pas à mes demandes, je vais émigrer et la nation s'emparera de ce que vous refusez à votre fils.

Veut-on un autre exemple non moins possible de l'immoralité de la loi, je le trouve dans le cas d'un enfant, qui voyant la part de son frère émigré saisie par la nation, dira avec quelque raison à son père comme l'enfant prodigue de l'évangile, mon père donnes-moi dès-à-présent la part qui doit me revenir un jour, comme vous seriez bien forcé de la donner à la nation si j'émigrois. Qui peut dire que cette supposition que je fais ne se réalisera pas plus d'une fois, et ne s'est pas même déjà réalisée?

Mais, sans recourir à ces cas extrémes et possibles, et pour revenir au raisonnement du rapporteur fonde sur ce que le fils a émigré, pour servir la cause de son père, autant que la sienne, j'observe encore que si cette raison étoit recevable, elle conduiroit à une conséquence ultérieure, également absurde et inadmissible.

Si les avantages que peuvent retirer les pères du succès des tentatives hostiles de leurs enfans émigrés, autorisent la législation à spolier les premiers; cette même raison justifieroit un traitement semblable, fait à tous ceux à qui les efforts des émigrés pourroient profiter aussi s'ils étoient suivis de quelque réussite, même sans qu'ils soient ni pères ni parens d'émigré. Ainsi, la nation pourra, très-justement, s'emparer d'une partie de la propriété de ce nombre infini de citoyens de toutes classes, de tous états, qui tenoient à l'ancien régime, nobles, magistrats, administrateurs, militaires, ecclésiastiques, homme de loi, gens d'affaires, artistes, artisans, n'ayant ni fils ni parens émigrés, comme d'une indemnité due à la nation par tous ceux à qui les succès des émigrés pourroient profiter; cette conséquence, toute inique qu'elle est, et qui envelopperoit un quart ou un tiers, peut être, de la nation, résulferoit du principe établi par le rapporteur, aussi bien que celle qu'il énonce.

XII. Je touche, heureusement, à la fin du rapport que je me suis proposé d'examiner ; car je sens épuisée ma patience à suivre, dans ses écarts involontaires, et quelquefois dans sa marche à dessein tortueuse, un esprit sans justesse, défendant, avec de mauvaises raisons, en mauvais style, une mauvaise cause.

Je ne veux plus relever que la dernière des raisons produite, par le rapporteur, en faveur de la loi du 9 floréal, et qui couronne dignement tout son ouvrage.

« Doit-on, au reste, s'attacher a de minces » considérations d'ordre civil pour attaquer » une loi d'ordre politique, dont tout sollicite » le maintien ».

Cet *au reste* est précieux, et je veux le commenter.

Au reste, signifie la : quoi qu'on ne puisse nier que les fautes sont personnelles, que l'innocent ne peut être puni pour le coupable ; qu'en s'emparant des biens des pères et mères d'émigrés on envahit la propriété contre tout droit et toute justice ; qu'en chassant un vieillard et sa compagne de la maison de leurs pères on commet une inhumanité, inconnue jusqu'à présent dans les nations policées; qu'en donnant une telle étendue à la confiscation, on allume la cupidité des gouvernemens, et l'on fournit des motifs et des armes à la tyrannie, etc. : ces fâcheux effets de la loi ne doivent pas arrêter le législateur, parce qu'ils ne présentent que des considérations futiles et minces tenant à l'ordre civil, qui doivent céder à une loi d'ordre politique dont Chazal et Pons de Verdun nous assurent qu'on ne peut absolument se passer.

Ah ! défenseurs d'une cause inique, vous avez senti la force des raisons qu'on vous oppose ; vous n'avez fait à aucune de réponse directe et précise ; et pour déguiser la foiblesse de vos preuves, vous vous contentez de raisonnemens vagues et généraux, et vous croyez pouvoir affoiblir des argumens pressans, en les appellant des considérations d'ordre civil, qui doivent céder à une loi d'ordre politique.

Mais, entendez-vous les termes que vous employés ? savez-vous que l'ordre civil n'est autre chose que le moyen nécessaire d'assurer la liberté, la vie, la propriété des citoyens? connoissez - vous des droits plus sacrés que ceux-là ? des besoins plus pressans pour l'homme en société, et c'est là ce que vous osés appeller de minces considérations ?

Qu'est-ce donc que cet ordre politique, au nom duquel vous prétendez faire taire toutes les loix et tous les droits.

Je vais vous l'apprendre si tant est que vous l'ignoriez.

Chez les Spartiates, le massacre des Ilotes qui les avoient trop bien servis dans la guerre de Mytilène ; chez les Athéniens, la mutilation des Æginetes dont ils craignoient que les forces maritimes ne s'accrussent ; dans toutes les républiques grecques, les bannissemens, les confiscations, les meurtres, les destructions de villes qui marquent toute la durée de leurs guerres civiles ; chez les Romains, les proscriptions de Sylla, de Marius, d'Antoine et de Lépide ; dans l'Italie moderne, les cruautés exercées dans les petites républiques dont Machiavel nous a tracé la sanglante histoire ; les vêpres siciliennes, etc. en Espagne, l'expulsion des juifs et celle des maures ; chez nous, la St. Barthélemy, la révocation de l'édit de Nantes ; et de nos jours, les massacres du 2 septembre, les loix contre les suspects, la glacière d'Avignon, les jugemens d'Orange, les missions données aux Collot, aux Carriers, aux Maignet, aux Lebon, etc. les comités ré-volutionnaires, les armées révolutionnaires, les noyades de Nantes, les canonnades de Lyon; les prisons couvrant la France entière; les tribunaux révolutionnaires égorgeant soixante et quatre-vingt personnes par jour, jugées en deux heures de temps, etc. : voilà des loix de cet ordre politique que vous nous vantez. Voilà l'espèce de loix dont Cicéron a dit si bien : « beaucoup de loix pernicieuse et fu-» nestes sont établies dans les nations qui ne » méritent pas plus le nom de loix que celles » que se donnent des voleurs dans leurs ca-» vernes ». *Multa perniciosè, multa pestiferè sciscuntur in populis, quæ non magis legis nomen adtingunt quàm si latrones aliqua consessu suo sanxerint.* Cic. de legib. lib. 2, c. 5.

On me dira sans doute que je prête ici à mon adversaire des opinions atroces que je ne dois pas lui supposer; que par des loix d'ordre politique il n'entend pas celles qui violeroient ainsi tout droit et toute justice.

J'admettrois volontiers cette explication si je pouvois y croire; mais ce n'est pas sans raison que j'ai rapproché les principes établis dans le rapport de Pons de Verdun, de ceux qui ont amené dans le monde les atrocités dont je viens de faire mention.

Ce rapprochement se trouve justifié par ces paroles de Pons de Verdun lui-même dans ce même rapport. « L'avantage de la journée » du 13 vendémiaire étant resté aux républi- » cains, il faudra bien en revenir à la loi du » 12 floréal *comme à beaucoup d'autres* ».

J'ai déjà cité plus haut ces paroles, mais, sans insister sur les derniers mots qui sont dignes d'une grande attention, et que je veux particulièrement expliquer ici. Pour les entendre nous devons nous aider du discours d'un autre promoteur et défenseur de la loi du 9 floréal, avec Chazal et Pons de Verdun; j'entends parler de Boudin qui, dans un discours du 20 nivose, dont l'assemblée a décrété l'impression, nous fait connoître ces loix auxquelles, selon lui, comme selon Pons de Verdun, il faut se hâter de revenir.

La première est la confiscation *qu'on nous dépeint*, dit Boudin, *sous les plus noires couleurs*, et qui n'est qu'une loi *morale*, *nécessaire*, *à laquelle il faut encore donner plus d'extension.*

La seconde est la déportation qui, à la fin

d'une révolution, (nota benè *à la fin*) doit être employée *contre tous ceux qui ont été ennemis de la révolution*, et qui doit être accompagnée de la confiscation *de tous les biens de celui qu'on déporte.*

Une troisième est la restitution au fisc des biens des condamnés par les tribunaux révolutionnaires, qui n'ont été rendus à leurs enfans que parce que la convention s'est laissée séduire *par le langage astucieux* de *quelques orateurs* dont les discours *n'ont été applaudis à la convention que par des hommes qui vouloient en égorger* les membres, *comme ils l'ont fait voir au* 13 *vendémiaire.*

Une quatrième est l'abolition de la loi de prescription, *loi* qui, selon Boudin, *est immorale et injuste.*

Enfin, et en général, les loix du régime révolutionnaire, *dont on fait sans cesse des peintures lamentables, et dont les morts seuls ont droit de se plaindre.* A quoi l'auteur ajoute un éloge touchant *des terroristes qui, trop longtemps victimes patientes des aristocrates, se sont immortalisés après la victoire de vendémiaire par leur clémence et leur humanité, et dont la conduite a honoré la République et les républicains.*

Eh bien ! lecteurs, entendez-vous mainte-
naut la petite clause du discours de Pons de
Verdun, voulant qu'en conséquence de la victoire du 13 vendémiaire on en revienne non-
seulement à la loi du 9 floréal, mais *à beaucoup d'autres* ?

Je suis loin de croire que l'assemblée législative puisse entrer dans cette route d'iniquités
que lui ouvre ce député. Je ne puis cepen-
dant n'être pas effrayé lorsque je le vois entendu de sang froid à la tribune, et son discours imprimé par ordre de l'assemblée, en
même-temps que les interruptions, les huées,
les refus de parole, les censures mêmes sont
le partage de ceux qui combattent pour la
cause que la raison, la justice, le sentiment
défendent comme moi.

Si le danger de voir renaître et ces loix
d'ordre politique qui ont dévasté et ensan-
glanté la France, et celles vers lesquelles on
ose encore pousser l'assemblée nationale, de-
venoit ou réel, ou plus pressant, que resteroit-
il à opposer à ce renversement de tout droit
et de toute justice, et à ce désordre de toutes
les idées et de tous les sentimens ?

Faudra-t-il prouver encore que la confiscation est une loi monstrueuse et tyrannique ? que la déportation est une peine atroce, et qu'en la prononçant contre un délit énoncé aussi vaguement que celui d'avoir été ennemi de la révolution, on ouvre la porte aux plus horribles injustices ?

Que retenir les biens des condamnés par les tribunaux révolutionaires, c'eut été un crime ajouté à un autre crime, une exécrable violation de toute justice et de toute humanité.

Que la prescription, sauve-garde de la propriété, est une loi aussi essentielle, aussi nécessaire à la société que celle qui punit le vol et l'assassinat.

Et enfin, que le régime révolutionnaire doit-être éternellement en horreur à tout homme qui n'a pas dépouillé tous les sentimens humains.

Non, je ne puis me résoudre à prouver encore des vérités dont ne peuvent douter ceux-là même qui les combattent. Je n'avilirai plus la raison en la faisant descendre dans l'arène pour y lutter avec la mauvaise foi et avec l'avide férocité. Si les principes abominables

nables du gouvernement révolutionnaire , si ces loix de pillage et de sang que regrettent ici lès représentans Boudin, et Pons de Verdun, et leurs pareils doivent-être ramenées , j'aime mieux m'envelopper la tête de mon manteau et attendre le coup qui pourra me frapper. Je subirai mon sort , heureux de ne plus voir les horribles scènes qui ont souillé cette terre malheureuse et empoisonné pour moi les restes de la coupe de la vie.

Le 1er. pluviose, an 4e.

A. MORELLET.

P. S. (ce 7 pluviose.) J'apprends que le conseil des anciens, dans la séance d'hier, a refusé d'adopter la résolution du Conseil des cinq cents, prononçant la levée de la suspension de la loi du 9 floréal. La cause des pères et mères d'émigrés que j'ai défendue, j'ose le dire, avec quelque zéle et beaucoup de persévérance, se trouve ainsi gagnée en un point important. J'ai quelque droit de penser que mes écrits ont contribué à fixer l'opinion publique sur cette intéressante question, mais je ne me dissimule pas qu'après tout, le salut des familles est l'ouvrage des orateurs courageux, éloquens, et sur-tout vrais, qui l'ont traitée dans le Conseil des anciens.

On peut dire avec vérité qu'il est peu de questions de législation qui ayent été discutées avec plus de maturité, de profondeur et de talent.

C'est le 24 nivose qu'a été présentée au conseil des anciens la résolution du conseil des cinq cents, qui levoit la suspension de la loi du 9 floréal.

Malgré les réclamations de Du Pont de Nemours on y reconnut l'urgence qui ne paroissoit pas réelle, mais on y prit en même-temps le sage parti de nommer une commission sur le rapport de laquelle on auroit à délibérer.

C'est le 3 pluviose, qu'après dix jours d'intervalle et d'examen, Creuzé-la-Touche a produit son rapport et que la discussion s'est ouverte.

Elle a été suivie quatre jours entiers, savoir, le 3, le 4, le 5 et le 6, où la résolution du conseil des cinq cents a été rejettée.

Creuzé-la-Touche, rapporteur de la commission, Portalis, Durand-Maillane, Lanjuinais, Tronçon-du-Coudray ont successivement combattu chacun à sa manière le décret du 9 floréal par des raisons fortes prises dans la nature de la cause, sans verbiage, sans écarts ; tous se sont montrés convaincus de la vérité des principes qu'ils invoquoient et sur lesquels ils ont été tous parfaitement d'accord.

J'avois eu d'abord la pensée d'analyser ces différens discours, d'indiquer les caractères qui les distinguent, de rappeller les principaux traits de chacun, et sur-tout quelques vues nouvelles ou présentées sous des faces nouvelles et frappantes ; de rendre justice à la justesse de l'un, à la sagacité de l'autre, à la sensibilité de celui-là, à l'éloquence entraînante de celui-ci, à la raison de tous : mais la réflexion m'a détourné de ce travail. En les louant ainsi en détail, j'aurois eu l'air d'attacher à mes éloges une importance et une autorité qu'ils n'ont pas. Des hommes publics remplissant avec talent des fonctions publiques, ont leur récompense toute assurée, et seule digne d'eux, dans le témoignage que leur rend l'opinion publique.

Quelques membres du conseil des anciens y ont reproduit en faveur de la loi les déclamations et les sophismes dont elle avoit été appuyée par ses partisans au conseil des cinq cents, mais la foiblesse de leurs moyens est devenue plus sensible au conseil des anciens par le contraste des excellens discours que je viens de citer, et qui, j'ose le dire, ne laissent subsister aucun doute dans l'esprit de tout homme accoutumé à user de sa raison.

La maturité de cette discussion donne aux principes d'après lesquels la question a été décidée, une stabilité telle qu'il paroît désormais difficile qu'on ne les suive pas dans les nouvelles questions qui doivent s'élever au conseil des cinq cents sur le même sujet.

Quelques personnes paroissent craindre que ce Conseil, renonçant difficilement à suivre la route dans laquelle il étoit entré, ne maintienne les séquestres dans toute leur rigueur, ce qui rendroit en effet la condition des pères et mères d'émigrés vraiment fâcheuse, quoiqu'ainsi qu'il a été prouvé, on ne puisse regarder leur situation en ce cas comme pire que celle où les réduisoit l'exécution de la loi.

Mais je ne ferai pas à la plus nombreuse section du corps législatif l'injure de craindre qu'elle se laisse ainsi aller à une mesure non moins désastreuse qu'elle est injuste, et dont elle-même a si fortement et si solemnellement reconnu et proclamé les funestes effets.

Tout le monde sait que parmi les motifs allégués au conseil des anciens, à l'appui de

la loi du 9 floréal, les deux rapporteurs Chazal et Pons ont insisté fortement sur la né-
cessité de lever les séquestres qu'ils regardent
avec raison comme ruinant la culture et le
commerce, et que cette considération est en-
trée dans les préambules de tous les projets
de décret.

Il est difficile de croire que toute l'étendue
du mal ait été connue de ceux qui l'ont fait
et l'ont laissé subsister si long-temps, mais ce
n'est pas de leur opinion seulement qu'il
s'agit ici, c'est de la chose. Et toutes les
personnes qui ont quelque connoissance et
quelque expérience des soins que demande
la propriété et sur-tout la propriété territo-
riale, savent que cette mesure des séquestres a été et continueroit d'être une cause
puissante de destruction et de ruine qu'il
est instant d'arrêter dans son action, si l'on ne
veut pas voir les plus horribles fléaux qui,
dès long-temps, s'avance vers nous, venir
prendre bientôt possession de notre malheureuse patrie.

La législation ramenée enfin dans les routes
de la justice, et réconciliée, pour ainsi dire,
avec les droits de la propriété si cruellement

lésés par les séquestres , et qui l'eussent été
encore davantage par la loi du 9 floréal, trouvera dans sa sagesse les moyens de concilier
les intérêts du fisc avec cette levée des séquestres que réclame le plus impérieux des
besoins publics, celui de vivre.

www.ingramcontent.com/pod-product-compliance
Lightning Source LLC
LaVergne TN
LVHW050103060726
842524LV00003B/895